RUGBY

la totale !

Scénario & dessin

Monsieur B.

Couleurs

Angus

Soleil

http://www.monsieur-b.com/

Introduction... avant mêlée !

Bienvenue... en Ovalie !
QU'ON SOIT PASSIONNÉ OU PROFANE, LE RUGBY INCARNE UN SPORT À PART.
TO BE OR NOT TO BE ?
HOULÀ, ÇA N'TOURNE PAS ROND, TOI !
SPORT À PART DONT LE SLOGAN : "ÉCOLE DE LA VIE" N'EST PAS DU AU HASARD.
KESKI S'EST PASSÉ ? T'AS PAS ÉTÉ SAGE ?
FI ! AU CONTRAIRE !!
LE RUGBY VÉHICULE EFFECTIVEMENT DE NOMBREUSES VALEURS ESSENTIELLES.
COACH
RÈGLE N°1 : GARDEZ EN TÊTE QU'IL VAUT MIEUX DONNER QUE RECEVOIR !!
SOYEZ GÉNÉREUX !!
ENGAGEMENT, RESPECT, FRATERNITÉ ET PARTAGE PRENNENT BIEN ÉVIDEMMENT TOUT LEUR SENS SUR LE TERRAIN...
!
... MAIS ÉGALEMENT AU-DELÀ DES MATCHS OU ENTRAINEMENTS !
CONTENTIEUX
?
SI, SI, JE FAIS ALLUSION ICI À LA LÉGENDAIRE "TROISIÈME MI-TEMPS"
Censuré

Au cours de cette BD, nous examinerons de près les vertus véhiculées...
Whoah, trop puissant !!
C'est de l'art, du grand l'art !
On dirait du C3 Picasso !!
Joli
Snirf!
...
... L'historique, les règles, l'univers et l'état d'esprit rugby : la philosophie de ce noble jeu !!
N'exagérons rien : juste de l'observation !!
Sa richesse résulte en partie de sa complexité.
RÈGLE N°2:
Voir règle N°1 page précédente !!
Le rugby, dans sa forme moderne, a émergé et s'est développé comme outil d'éducation dans les collèges anglais...
Skiouze me!
Sorry !
... Avant de dépasser le cadre scolaire de se "sportiviser" puis professionnaliser.
OK, les gars, va falloir travailler vot' fair-play !
Mais remontons plutôt à la source, histoire d'en saisir les subtilités.
Môman? Agad, Chabalou!

Toute une (drôle d') histoire
DÈS LE MOYEN ÂGE, ON PRATIQUAIT DES JEUX QUI POUVAIENT S'ASSIMILER AU RUGBY.
HÉ!
GRRR... MAUVAIS JOUEUR !!
PARMI CEUX-CI, LA SOULE : PRATIQUE QUI METTAIT À FEU ET À SANG UNE FRANCE FÉODALE.
PFFFFF!!
CE SOIR ON VOUS MET...
...CE SOIR ON VOUS MET LE FEU!!
LE "BUT" DE LA SOULE : DEUX VILLAGES SE DISPUTENT UNE OUTRE DE CUIR REMPLIE DE CÉRÉALES...
FOOT AMÉRICAIN ?
NON! REGARDE, Y'A L'COQ FRANÇAIS !!
Kellogg's CORN FLAKES
...QU'ILS DOIVENT AMENER À UN POINT DÉSIGNÉ AU PRÉALABLE!
?!
'AGNÉ!!
CETTE ACTIVITÉ DÉNUÉE DE "RÈGLES" ÉTAIT BIEN SOUVENT L'OCCASION DE "RÉGLER" SES COMPTES.
TIENS, CHER VOISIN!!
KSHHH!!
ELLE FUT INTERDITE PAR LE ROI EN 1319, D'UNE PART DU FAIT DE SA DANGEROSITÉ...
FALLAIT FAIRE QUELQUE CHOSE : TROP DE BLESSÉS POUR PARTIR À LA GUERRE!

... D'AUTRE PART, PARCE QU'ELLE PUISAIT SES SOURCES DANS DES ORIGINES PAÏENNES ET, DE CE FAIT, DÉPLAISAIT À L'ÉGLISE.
VAS-Y, LA PASSE !!
SINON J'LE DIS À MON PÈRE !
DEUX SIÈCLES PLUS TARD, OUTRE-MANCHE, ON PRATIQUE PLUTÔT DES JEUX DE BALLE AU PIED.
GOAL !
NAN, TROP HAUT !
PLUS "SOFT" QUE LA SOULE, LA COUR D'ANGLETERRE CAUTIONNE CE SPORT...
OH, YES... TROP D'LA BALL !!
ALLONS, SIRE, UN PEU DE TENUE !
... ET EN GÉNÉRALISE SA PRATIQUE DANS LES GRANDES INSTITUTIONS SCOLAIRES DU PAYS.
OH, YES... TROP D'LA BALL !!
1823, WILLIAM WEBB ELLIS, PLUTÔT QUE DE DÉGAGER LE BALLON DANS LE CAMP ADVERSE, S'EN EMPARE À LA MAIN !...
TRICHEUR !!
Y S'PREND POUR THIERRY HENRY ?!
... LE VOICI QUI DÉFIE SES ADVERSAIRES, S'INTRODUIT DANS LA DÉFENSE CONCURRENTE, ET... VIENT D'INVENTER LE RUGBYYY !!
COOL !... ET DANS DEUX CENTS ANS, CE GESTE IMMORTALISÉ EN BD !!

« Jet-set » & match

DE L'UNITÉ RÉSULTE LA FORCE...
... PUISQUE, AUSSI PUISSANT SOIT-IL, UN ÊTRE SEUL NE PEUT RIVALISER AVEC UNE ÉQUIPE SOUDÉE !
BRODOBODOM
BIEN SÛR, IL EST SIMPLE ET LOGIQUE D'ÊTRE UNIS DANS LA VICTOIRE...
ET LE BALLON, IL EST OÙ ?!
BRODOBODOM
... MAIS C'EST DANS LA DÉFAITE QUE L'ON POURRA JUGER DES QUALITÉS HUMAINES D'UN GROUPE.
AGNÉ !
RIEN D'ÉTONNANT DONC À CE QUE LE GRATIN BRITANNIQUE AIT CHOISI D'ÉDUQUER SA PROGÉNITURE AU RUGBY.
FA ÉFITE LES AFFAREILS DENFAIRES
AVANT
APRÈS
LE RUGBY : "UN SPORT DE VOYOUS PRATIQUÉ PAR DES GENTLEMEN !"
tee for two !

Un esprit « guerrier »

SUR LE TERRAIN, LE SEUIL DE TOLÉRANCE DES DOMMAGES ACCEPTABLE PAR NOTRE SOCIÉTÉ EST DÉPASSÉ...
Ça y est, les gars, on a nos nouveaux maillots... ça va soigner!
URGO
... PLUS QUE DES GLADIATEURS MODERNES, LES RUGBYMEN SONT DES HÉROS...
BATMAN VS RUGBYMAN
... DE VÉRITABLES HÉROS SUPER, SYNONYMES D'UNE ROBUSTESSE DÉSORMAIS OUBLIÉE.
smart
XV de France
EN FORCE!
SÉRIE LIMITÉE
"UNIQUE SPORT DE CONTACT PAR ÉQUIPE" : SEULS CEUX QUI SE SONT AFFRONTÉS SAVENT CE QUE C'EST...
ALLEZ, LES GARS, JE VOUS REMETS LA PRESSION ?!
OUAAAISS!!
CAFÉ des SPORTS
... CE QUE SIGNIFIE LE FAIT DE DÉFIER UN PACK SURPUISSANT...
ET ÉVITEZ DE LES REGARDER DANS LES YEUX... VOUS RISQUERIEZ DE CHOPER UN TORTICOLIS!
ALLEZ LES BLEUS !!
... CE QU'ÊTRE UNE ÉQUIPE SOUDÉE FACE À L'ADVERSITÉ VEUT DIRE.
J'COMPRENDS PAS : IL A VU MA FRACTURE OUVERTE ET S'EST ÉVANOUI !!
TROP ÉMOTIF
AÏE!... LE SOIGNEUR A TOURNÉ D'L'OEIL !!
APPELEZ UNE AMBULANCE!!

Valeurs & vertus
SPORT COLLECTIF D'OPPOSITION FRONTALE, LE RUGBY SUPPOSE UNE COOPÉRATION ENTRE PARTENAIRES.
SNCF, ROISSY, ORLY, TOUJOURS EN GRÈVE...
WESH, GROS, L'PLUS COSTAUD, C'EST TOI, COCO !!
AUTRE QUALITÉ REQUISE, LE RESPECT D'AUTRUI (ENVERS L'ARBITRE ET SES ADVERSAIRES, PUISQUE L'ON JOUE CONTRE MAIS AUSSI AVEC !)
BON, LES P'TITS GARS, J'VEUX QU'VOUS M'EN FASSIEZ DES RILLETTES MAISON, DE LA PÂTÉE POUR ...
KRRRRRRR
KLANG !
DEUX TYPES D'ENGAGEMENT SONT NÉCESSAIRES : TOUT D'ABORD L'ENGAGEMENT PHYSIQUE, BASIQUE...
HOULÀ, HOULÀ, LES GARS, EUH... PRÊTS POUR L'ÉCHAUFFEMENT ?!
OPOPOP, TOUT L'MONDE DESCEND !
...CELUI OÙ L'ON DOIT SAVOIR SPRINTER, ESQUIVER AINSI QU'INTERCEPTER.
TRIIIT... TRIIIIT... TRIIIII...
COMME LA LUTTE SE FAIT LA PLUPART DU TEMPS À "FORCE" ÉGALE, CE SERA L'ENGAGEMENT PSYCHOLOGIQUE QUI FERA LA DIFFÉRENCE.
?!
AÏAÏAÏE, COMMENT JE FLIPPE !
PAREIL, LE STRESS !
BLA BLA BLA BL...
LE MENTAL EST PRIMORDIAL, SEUL CELUI À L'INSTINCT GRÉGAIRE LE PLUS TRIBAL RESTERA EN COMPÉTITION.
HÉ, HO, LES GARS, VOUS N'ALLEZ PAS JOUER LES P'TITS BRAS ? LES NÉOZOULOULANDAIS VIENNENT DE DÉBARQUER ET...
OUAIIIIS !!!

LES MATCHS SONT FAITS DE DUELS QUI RISQUENT DE FAIRE MAL... TRÈS "MÂLE"!
COMMENT ON A EU PEUR : AVEC LA GRÈVE DES TRANSPORTS, LE MATCH AURAIT PU ÊTRE ANNULÉ !
LA VICTOIRE REVIENDRA À CELUI QUI EN VOUDRA LE PLUS.
BOT!
LE TEMPS N'EST PAS À L'HÉSITATION, AU DOUTE...
?!
... LA MOINDRE FAIBLESSE SE VERRA SANCTIONNÉE D'UNE CUISANTE DÉFAITE.
DANS LE RUGBY, PAS DE PITIÉ : MENEURS ET STRATÈGES ONT LEUR CARTE À JOUER.
PENDANT CE TEMPS, À L'AUTRE BOUT DU TERRAIN !
TCHIIIZE
FLASH
FLASH
FLASH
FLASH
FLASH
FLASH
À CHACUN SA CROIX, N'OUBLIONS PAS LES "SACRIFIÉS" !!
'Y A PAS D'JUSTICE, SI ÇA CONTINUE, MOI AUSSI J'FAIS GRÈVE !!

Restons vigilants

MONTRONS ET PARIONS QUE CE SPORT EST À PART, BIEN AU-DESSUS DE LA MÊLÉE !
ENREGISTRE LA FIN DE TON MATCH, J'T'EMMÈNE AU CINÉ !
!
PROUVONS QUE RÉUSSITE ET INTÉGRITÉ SONT COMPATIBLES, SYNONYMES.
INCROYABLE, ICI RÈGNE UNE AMBIANCE DE FOLIE, LE SCORE EST MAINTENANT DE... KRRRRiiiOUUUUUUUU!!!
BANIR LES COUPS BAS (POUR GARDER TÊTE HAUTE) PERMETTRA DE PRÉSERVER DES VALEURS ESSENTIELLES TELLES QU'AMITIÉ...
ALORS, ON FAIT QUOI MAINTENANT ? UN RESTO EN AMOU...
ON RENTRE ! J'SAIS PAS QUI A GAGNÉ !!
... COURAGE, HONNEUR, MODESTIE, SINCÉRITÉ...
ALLEZ KESTUFOUS ?! AAAARGH, SI J'ÉTAIS SUR L'TERRAIN !!!
... RESPECT ET CONTRÔLE DE SOI.
DIS DONC, IL SONT BIEN GAULÉS, EUX !
POUR DONNER L'ENSEMBLE DEMEURONS EXEMPLAIRES.
J'COMPRENDS PAS, PILE-POIL DANS LA MOYENNE DU PACK !!
KRRRRR

Rugbyble
La « rugby religion »
DEPUIS TOUJOURS, IL SE SUSSURE QU'ON ENTRE EN OVALIE COMME ON ENTRE EN RELIGION.
J'AI PÉCHÉ, MON PÈRE : J'AI MORDU UN TYPE LORS D'UNE MÊLÉE !
AARGH SACRILÈGE !! CINQ "JE VOUS SALUE MARIE" ET TRENTE "NOTRE PÈRE" TU RÉCITERAS !!!
COMPRENEZ PAR LÀ QUE LA DÉMARCHE N'EST PAS INTÉRESSÉE...
WHOW !... FAUT DIRE QUE L'ENFOIRÉ S'ÉTAIT ESSUYÉ LES CRAMPONS SUR MOI ET QUE...
OKÉ, OKÉÉÉÉ !!... OUBLIE TES PATERS : ÉGALITÉ, LA BALLE AU CENTRE !
... QUE L'AMOUR EST L'UNIQUE MOTIVATION !
BON, ALLEZ CURÉ, À SAM'DI PROCHAIN !
SALUT, DÉDÉ, ET SANS RANCUNE !
I ♥ R
PARMI LES RAISONS EXPLIQUANT UN TEL ÉTAT D'ESPRIT : LES RACINES DE CE SPORT UNIVERSITAIRE...
EN PLUS, IL PARAÎT QU'IL EST CHIRURGIEN !
MOUAIP... CHIRURGIEN SUR ANIMAUX, J'APPELLE ÇA "BOUCHER" !!
... DÉNUÉS DE CONTREPARTIES FINANCIÈRES.
REGARDE, MAMOUR, DES HOMMES-SANDWICHS !
NON, MA PUCE, CE SONT DES JOUEURS !
L'AMATEURISME LE PLUS PUR A POSÉ DES BASES SAINES... POURVU QUE CELA DURE !
ALLEZ, JUSTIN BRIDOUUUUUU... ALLEZ !!
NON, MA CRUCHE, C'EST LE SPONSOR !

LA CULTURE RUGBY A CERTES RENDU CE SPORT ATTRACTIF...
ON S'ÉCHANGE LES MAILLOTS ?
... MAIS ÉGALEMENT FAIT SE POSER DE NOMBREUSES QUESTIONS AUX PROFANES.
PÔPA ? C'EST PAS UNE SOUPE DE PHALANGES, AU MOINS ?!
COMMENT, EN EFFET, PEUT-ON S'AFFRONTER SI VIOLEMMENT SUR LE TERRAIN...
PAF
BENG!
COOL, ON DIRAIT DU CATCH !
... ET PARTAGER FÊTE ET RIPAILLE APRÈS BATAILLE ?
À TRÂÂÂABLE !!! PURÉE POUR TOUS.
MMP!
POOOOO
MOUAIS, FUPER !
QUE SE PASSE-T-IL LORS DE CETTE MYSTÉRIEUSE TROISIÈME MI-TEMPS ?
ALLEZ, LES GARS, LE FLUS DUR REFTE À FAIRE !
CELUI QUI NE SAIT PAS SE QUESTIONNE OBLIGATOIREMENT, & VA DE SES PROPRES FANTASMES, COLPORTE DES RUMEURS SANS FONDEMENT.
MAIS TU PENSES QU'ILS SE FONT LE COUP DE LA SAVONNETTE SOUS LA DOUCHE ?
MEUH NON, C'EST DU PASSÉ !! AUJOURD'HUI ILS UTILISENT TOUS LE "GEL XXL" (T'AS PAS VU LA PUB ?)

La troisième mi-temps

RASSEMBLER PLUTÔT QUE DIVISER, LE RUGBY SAIT LE FAIRE MIEUX QUE QUICONQUE…
MAIS DITES DONC, MARTINEAU, J'VOUS CROYAIS EN ARRÊT MALADIE !!
no comprendo Patron, mi sosie !
… CETTE "TROISIÈME MI-TEMPS" EST ÉGALEMENT L'OCCASION DE "REFAIRE LE MATCH".
INSTANTS AGRÉABLES AUSSI BIEN POUR LES JOUEURS QUE POUR LES SPECTATEURS.
LÀ, LA LA LÈRE… J'SUIS PLUS PLEIN QU'MON VERRE !!
LA BIÈRE Y COULE À FLOTS, DIVIN BREUVAGE QUI FAIT CHANTER…
PLUS VITE, CHAUFFEUR PLUS VITE, CHAUFFEUR… OUAiiiiSS !!
… OUBLIER SES DOULEURS, PERMET DE SE LÂCHER. SOYONS SPORT : APRÈS L'EFFORT, LE RÉCONFORT … HiPS !!
NOM DÉDIOU, ON VA LEUR MONTRER QUI C'EST LES DIEUX DU STADE !!!
(Allé les Dieux !)
?!

...DE L'ART !
Dans les règles...
EN RUGBY, SI LES RÈGLES SEMBLENT COMPLIQUÉES, L'OBJECTIF RESTE SIMPLE : MARQUER L'ESSAI !
SUR CETTE RENCONTRE, ON VA APPLIQUER LA TACTIQUE DU "DOUBLE T".
"TOUT TRANQUILLE" ?
"TARTE TATIN ?"
"TENNIS DE TABLE ?"
COACH
POUR UN NON INITIÉ, SUR LE TERRAIN, CELA PEUT PARFOIS RESSEMBLER À LA "GUERRE DU FEU".
À SAVOIR : ON COMMENCE AU TAQUET PUIS ON MET L'TURBO !
GROUMF !
AH ? PAS PING-PONG, ALORS !!
COACH
L'ENGAGEMENT PHYSIQUE Y EST IMPITOYABLE...
...LA LÉGENDE DE WILLIAM WEBB ELLIS A DONNÉ LE TON, A FAIT QUE CE SPORT EST BASÉ SUR UN ACTE DE DÉFI COURAGEUX.
CEPENDANT, VOILÀ : LE SIMPLE OBSERVATEUR VOUS DIRA QU'IL NE S'Y RETROUVE PAS...
C'EST QUOI, CETTE BD AU RALENTI ?
N'IMORTE QUOI !
RUGBY
... NE SAISIT PAS LES SUBTILITÉS D'UN MATCH QU'IL QUALIFIERA DE "BRUTAL"...
HOULÀ, QUAND MÊME !

... NE COMPRENDRA PAS LES PRINCIPES FONDAMENTAUX, PASSERA À CÔTÉ DE L'ESSENTIEL...
... À SAVOIR QUE L'ON VA SE CLASHER SANS INTENTION DE SE BLESSER, S'AFFRONTER DANS LE RESPECT MUTUEL, SE FOUTRE SUR LA G...
MIÔM!
MIAM!
GNNN!
OK, OK, J'ME CALME... HUM, HUM !!
TRRRR TRRRRRR TRIIIIIII !!!
EN FAIT TOUT SE JOUE EN NUANCES, EN LIMITES À NE PAS FRANCHIR !
MAIS AUSSI EN DES RÈGLES NOMBREUSES ET SUFFISAMMENT COMPLIQUÉES POUR RISQUER D'ÊTRE MAL INTERPRÉTÉES.
SUIVEZ-MOI PAGE SUIVANTE, UNE PETITE RÉVISION S'IMPOSE !!
HÉ, HO ? QUELQU'UN PEUT M'AIDER ?!

Sur le terrain

LE TERRAIN

(Avant)

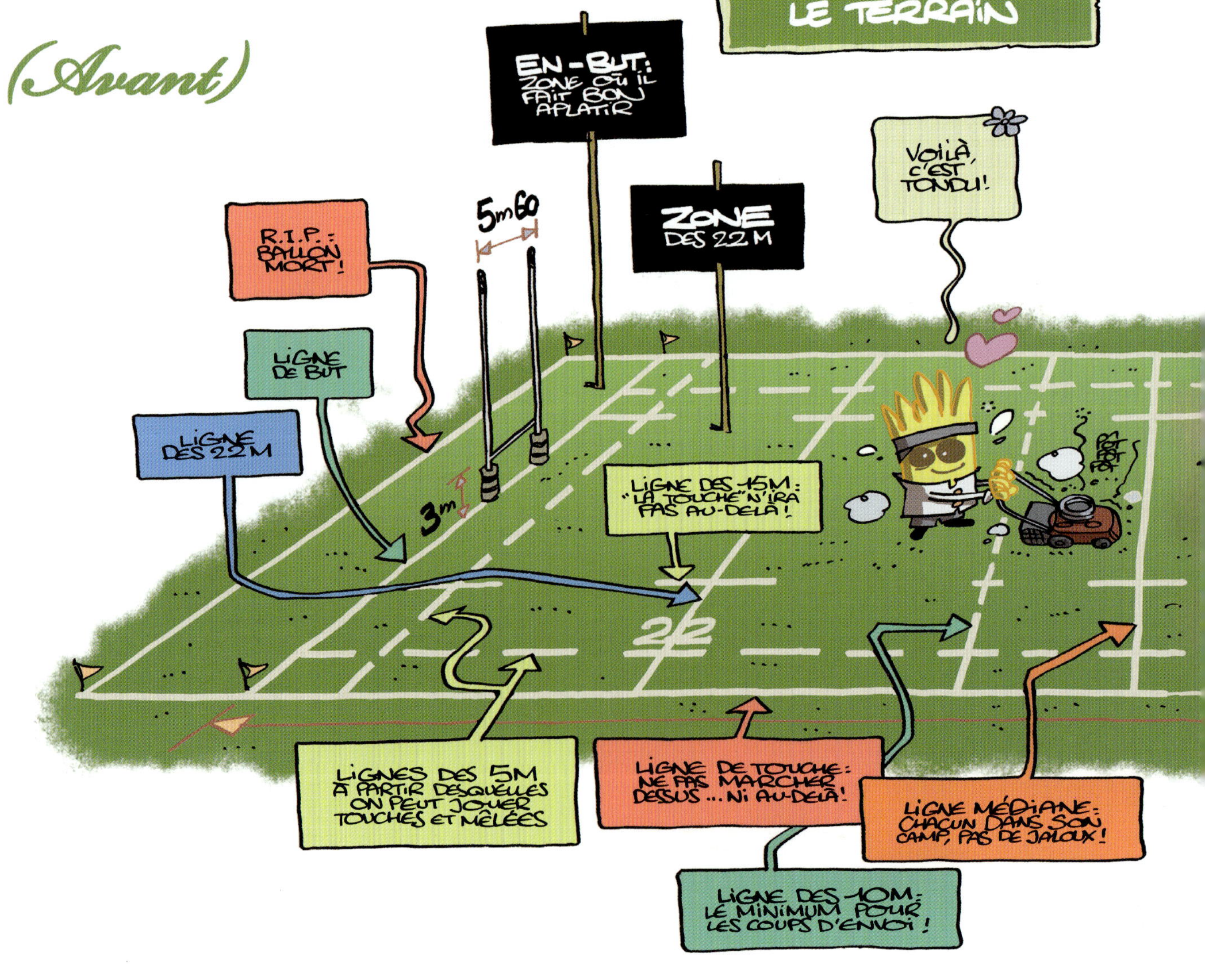

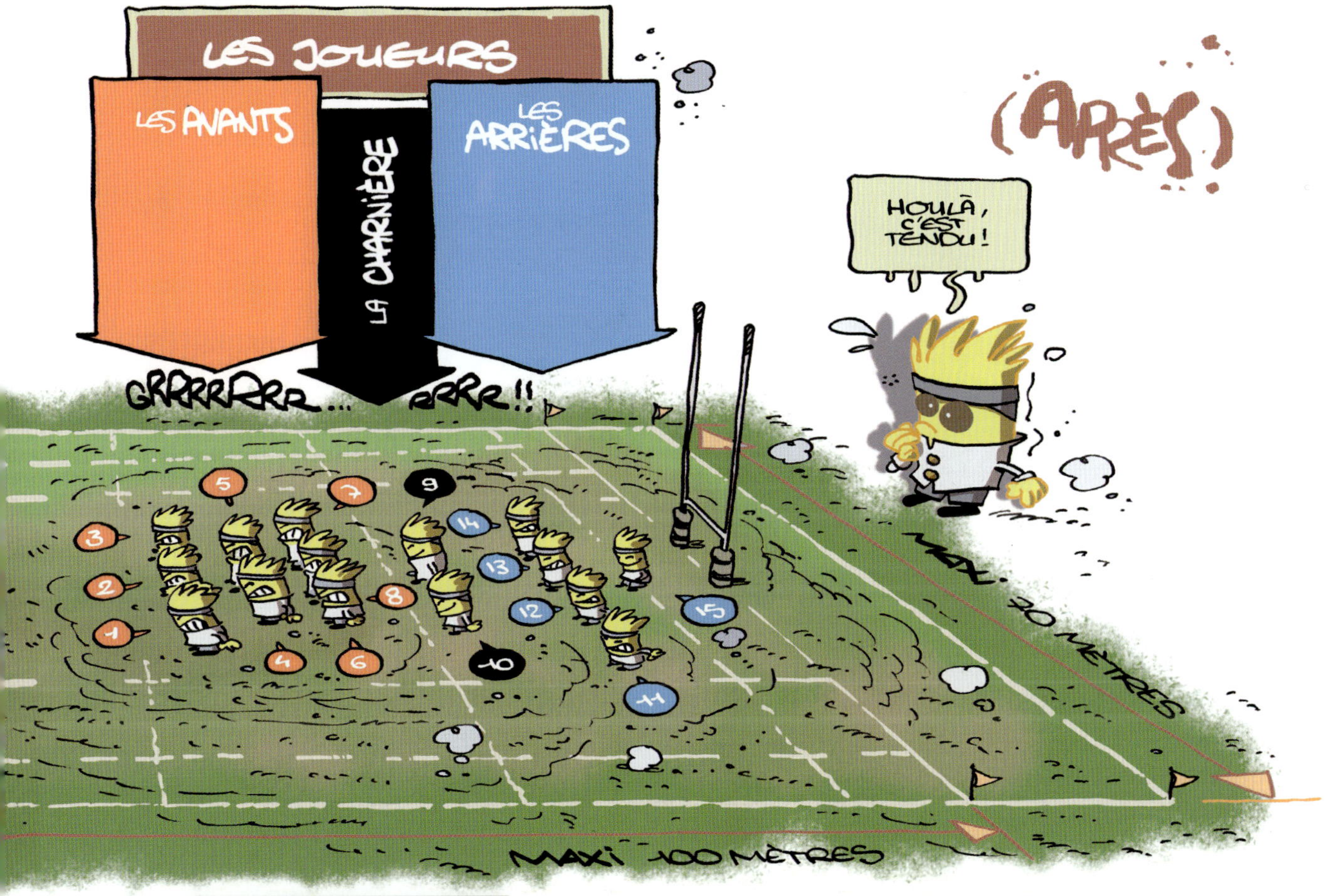

PLUS EN DÉTAIL :

N°1 = PILIER GAUCHE, N°2 = TALONNEUR, N°3 = PILIER DROIT,
N°4 ET N°5 = 2e LIGNE, N°6 ET N°7 = 3e LIGNE AILE,
N°8 = 3e LIGNE CENTRE, N°9 = DEMI DE MÊLÉE, N°10 = DEMI D'OUVERTURE,
N°11 = AILIER GAUCHE, N°12 ET N°13 = TROIS-QUARTS CENTRE,
N°14 = AILIER DROIT, N°15 = ARRIÈRE.

Les avants

(*) : Fédération française de football

EN THÉORIE, LE PILIER N'EST PAS RECRUTÉ POUR SES PERFORMANCES AU 100m...
GRRRRrr... PAS ÉVIDENT DE SPRINTER DANS CES CONDITIONS!
TU M'ÉTONNES, ILS RÉSISTENT QUAND MÊME FORT, DEVANT!
... MAIS PLUTÔT POUR TENIR LA MÊLÉE : UN PILIER QUI S'IMPOSE DONNE LE MORAL AU RESTE DE LA TROUPE.
GNNNNNN!!
"TALONNEUR" RIME AVEC LEADER, A LE COEUR AU COMBAT, TALONNE EN MÊLÉE, LANCE EN TOUCHE.
COOL, ÇA VA M'AIDER À TALONNER!
LES DEUXIÈMES LIGNES SONT BIEN SOUVENT LES PLUS GRANDS DU PACK, ILS ONT DES QUALITÉS DE POUSSEUR...
...POSSÈDENT UNE BELLE DÉTENTE ET SONT SYNCHRO AVEC LE LANCEUR.
CHOP!!
Wallabies
AARGH, L'ANIMAL!
BEN ÇA?
LES TROISIÈMES LIGNES SONT LES POUMONS DE L'ÉQUIPE, EN ATTAQUE COMME EN DÉFENSE... QUELLE SANTÉ!!
COMMENT ÇA : "PAS RÉGLEMENTAIRE" ?!
TROP BOURRIN QUE J'DIS!!

Les trois-quarts

... DE MANIÈRE OFFENSIVE COMME DÉFENSIVE, IL LANCE LES MOUVEMENTS COLLECTIFS, PLACE DES DROPS DÈS QUE POSSIBLE.
P_PFFFFF!
QUI S'Y FROTTE...
LES AILIERS SONT RÉPUTÉS POUR LEUR VITESSE...
HÉ, HO! T'AS OUBLIÉ L'BALLON!
?!
... AINSI QUE POUR LEUR TALENT À ESQUIVER L'ADVERSAIRE : ILS POSSÈDENT D'EXCELLENTS APPUIS.
BOULANGERIE
GRR!
LES TROIS-QUARTS CENTRES (N°12 & 13) SE DOIVENT DE FAIRE GAGNER DU TERRAIN À LEUR ÉQUIPE...
12
ET HOP, NI VU NI CONNU ON GAGNE DIX MÈTRES!!
...AU FIL DU TEMPS, ILS SONT DEVENUS DE TERRIBLES PLAQUEURS.
?
DERNIER REMPART DÉFENSIF, LE N°15 RÉCUPÈRE LES BALLONS, RELANCE, EST PRÉSENT SUR LES CONTRE-ATTAQUES.
COUCOU, CHÉRIE, COUCOU!

Le matos

MAINTENANT QUE VOUS SAVEZ QUI FAIT QUOI, IL N'Y A PLUS QU'À !
EN RÉALITÉ, J'SUIS PLUS SUPPORTER / BIÈRE QU'ARRIÈRE / CIVIÈRE !
C..
IK
IK
MUNISSEZ-VOUS D'UN BALLON PAS DU TOUT ROND... MAIS AU FAIT, POURQUOI EST-IL OVALE ?
HI, HI... C'EST POUR OFFRIR À "PACK" !!
TOUT SIMPLEMENT PARCE QU'À L'ORIGINE, DANS LA VILLE DE RUGBY, ON SE LANÇAIT DES VESSIES DE PORC.
PAS GRUIIIK !!
CONSOLIDÉES PAR QUATRE PANNEAUX DE CUIR, ELLES SE DÉFORMAIENT AVEC LE TEMPS.
AAAARGH, NON! ON AVAIT DIT "VIDES", LES VESSIES !!
SPLASH!
CHAUSSEZ VOS CRAMPONS, RAJOUTEZ-Y QUELQUES PROTECTIONS ET C'EST PARTI, MON KIKI.
EUH... ET DES TENUES AVEC AIR-BAG, VOUS AVEZ ?!
?!
DÉ4TLON
CONSEIL : PRÉFÉREZ UN MAILLOT MOULANT QUI OFFRIRA MOINS DE PRISE À L'ADVERSAIRE.
AUTRE CONSEIL PRATIQUE : ENDUISEZ-LE DE VASELINE !!
?!
ZUIIIIT!

PLUS EN DÉTAIL, CONSACRONS TOUT DE MÊME CETTE PAGE AUX PROTECTIONS DES JOUEURS.
CE SERAIT POUR INSCRIRE MON FISTON !
BIEN SÛR, SIGNEZ LÀ UNE DÉCHARGE EN CAS PROBABLE DE PÉPIN !
RUGBY club
CERTES, NOUS N'EN SOMMES PAS ENCORE RENDU AU NIVEAU DU FOOT AMÉRICAIN MAIS IL EST CONSEILLÉ DE SE MUNIR D'UNE PAIRE DE PROTÈGE-TIBIAS...
TAÏAUT TAÏAUT !!
... D'UNE COQUILLE SOLIDE (POUR ÉVITER DE RETROUVER VOTRE VOIX ÉPOQUE PRÉ-ADO)...
QUELLE TAILLE ?
MMMM... DISONS "COQUILLETTE" !!
... AINSI QUE D'ÉPAULIÈRES ET AUTRE CASQUE RENFORCÉ.
OLÉ !
LE PROTÈGE-DENTS EST AUJOURD'HUI QUASI CONSIDÉRÉ COMME INDISPENSABLE.
AÏE ! PAS ÉVIDENT !... ON VA ESSAYER D'EXTRAIRE SON RATELIER PAR L'OREILLE !!
BIEN, DOCTEUR !!
HÔPITAL
URGENCES
ENRUBANNEZ LE TOUT AVEC VOTRE LÉGENDAIRE ROULEAU DE STRAP ET LA PANOPLIE SERA COMPLÈTE.
GRÂÂÂA !!
ATTENTION, LA MOMIE !!!!

Un exercice de style
PAR "EXERCICE DE STYLE" COMPRENEZ "ENTRAÎNEMENT PLUS QUE COMPLET"...
WHAOUH!... ET IL EST "GONFLETTE" COMME ÇA DE PARTOUT-PARTOUT ?!
OUI! SURTOUT QUAND J'PRENDS "LES CHOSES EN MAIN" !!
... PUISQU'EN RUGBY ON TRAVAILLE À LA FOIS LE PHYSIQUE, LA TECHNIQUE ET LA TACTIQUE.
DANS TA FACE!
POUR CE QUI EST DU PHYSIQUE, MUSCULATION ET COURSE À PIED SONT PRÉCONISÉES.
HA-KAAAAAA!!!
MUSCULATION AFIN DE RENFORCER LA PUISSANCE ET L'ENDURANCE DES AVANTS...
OUPS, TROKOSTO!
PÊT
... MUSCULATION, TOUJOURS POUR OBTENIR DES ARRIÈRES EXPLOSIFS.
BIEN L'BONJOUR DU PAYS BASQUE !!
KSCHHHH
LA COURSE À PIED AVEC CHANGEMENTS DE RYTHME GARANTIRA À TOUS DE SOLIDES APPUIS.
VOUS POURRIEZ FAIRE ATTENTION !!

CÔTÉ TECHNIQUE, CHAQUE GROUPE DE JOUEURS TRAVAILLE SON DOMAINE EN PARTICULIER.
WHOAH, TRICHEUR !!
TOUCHES ET MÊLÉES POUR LES UNS...
... PASSES ET JEU AU PIED POUR LES AUTRES.
DU "COLLECTIF" CONCLUERA LA SÉANCE D'ENTRAÎNEMENT... HISTOIRE D'AVOIR DES REPÈRES COMMUNS.
BASTON GÉNÉRALE !!
(FAUT BIEN S'DÉTENDRE !)
PIF !
PAF !!
NOTE : LE CHEF D'ORCHESTRE EST GÉNÉRALEMENT... PLUSIEURS !
OUAIP, UN ENTRAÎNEUR PEUT EN CACHER UN AUTRE... MAIS À LES ÉCOUTER, ILS SONT UNANIMES : ON DOIT LEUR EN FAIRE BOUFFER !!
OUAIP, BEN SI T'AS FAIM, ÉCOUTE TON ENTRAÎNEUSE ET METS LA TABLE !!
UN ENTRAÎNEUR PRINCIPAL GÈRE L'ENSEMBLE DE L'ÉQUIPE.
OK LES GARS... TOUS AU CAFÉ DES SPORTS !!
OUAIIIS !!

Messieurs les arbitres

DANS UNE RENCONTRE, UN BON ARBITRE JAUGE FORCES ET FAIBLESSES DES ADVERSAIRES...
HOULÀLÀ, NON !... C'EST PAS ÉQUILIBRÉ !! MÉLANGEZ-MOI LES ÉQUIPES !!
?!!
... LE VOICI AINSI ARMÉ POUR DIRIGER AU MIEUX LA SUITE DU MATCH.
AAARGH... COMMENT TU LUI AS COUPÉ L'SIFFLET !
Triiiiiit !!!
DÉSOLÉ, IL ÉTAIT SUR MA TRAJECTOIRE !!
MONSIEUR L'ARBITRE A L'OEIL EXERCÉ, IL CONNAÎT PAR COEUR LES RÈGLES QU'IL APPLIQUE...
TRIIIIIT !!
... OU QU'IL N'APPLIQUE PAS (À SA GUISE, DE FAÇON VOLONTAIRE, CONSCIENTE, POUR LE BIEN DE LA RENCONTRE).
SORTEZ LE BALLON DE LÀ. VOUS ALLEZ L'ABÎMER !!
EN RUGBY, IL JOUE LE RÔLE D'UN VÉRITABLE "MAÎTRE DE CÉRÉMONIE".
ALLEZ, ALLEZ, ON SE FAIT UN BÉCOT !!
RESPECTÉ DE TOUS DEPUIS TOUJOURS ET À TOUS LES NIVEAUX, VOILÀ ENCORE UN DOMAINE OÙ LE FOOT FERAIT BIEN D'EN PRENDRE DE LA GRAINE !
Aux chiottes l'arbitre !
PREMIÈRE PORTE À DROITE !
MERCI !

En avant, marche !

JOUER AU PIED PERMET DE BOTTER VERS L'AVANT...
M'
M
C
E
P
a
SHOOT!
... DROPS, PÉNALITÉS ET TIRS EN TOUCHE DEMANDENT DE LA DEXTÉRITÉ
taupe niveau!
L'ARRÊT DE VOLÉE "CALMERA" LE JEU...
Marque !!
TROP TARD!
... TOUT JEU DÉLOYAL SERA SANCTIONNÉ PAR UN COUP DE PIED DE PÉNALITÉ OU UN CARTON.
Obstruction, votre honneur!
TAGADAP TAGADAP!
CARTON JAUNE : DIX MINUTES SUR LE BANC DE TOUCHE.
CARTON ROUGE : EXCLUSION, SUSPENSION, AMENDE.
Glups! TESTONS LE DRAPEAU BLANC!
HOPOPOP... ALLEZ, MI-TEMPS !! J'VAIS NOUS CHERCHER QUELQUES BIÈRES ET ON S'REJOINT PAGE SUIVANTE!

Méli-mêlée-mélo !
HAAAAAA !!... ÇA VA (ENCORE) MIEUX !! BON, REVENONS À NOS MOUTONS ET MENONS-LES JUSQU'À L'ESSAI !
À FORCE D'ESSAIS, ON FINIT PAR Y ARRIVER !
?!
ET VOILÀ L'TRAVAIL : CINQ POINTS ASSURÉS (AVEC DEUX SUPPLÉMENTAIRES SI TRANSFORMATION RÉUSSIE).
HA, HA ! AMBIANCE "MONSTRE DES MARAIS" !!
APLATIR DANS L'EN-BUT EST CE QU'IL Y A DE PLUS "RENTABLE", DE PLUS ROYAL !
"DES MARAIS" ?!... PLUTÔT DES "SABLES MOUVANTS" !!
BIEN FAIT POUR LUI !
MOUAIP ! ON A POURTANT ESSAYÉ DE L'EN EMPÊCHER !
BLOP !
BLOP !
BLOP !
EN VRAC : LA MÊLÉE... PHASE DE JEU MYTHIQUE EN OVALIE.
HOULÀ, T'AS MAUVAISE HALEINE !!
?!
DE QUOI REPRENDRE LE JEU ÉQUITABLEMENT APRÈS UNE FAUTE MINEURE...
PAF !!
DÉSOLÉ, J'AI UNE DENT CARIÉE QUI...
... DE QUOI METTRE EN RIVALITÉ LES FORCES PRÉSENTES.
VOILÀ, ÇA TE FERA 15 € !
merfi m'fieur le dentifte !

PARFOIS DES MÊLÉES SE CRÉENT SPONTANÉMENT (MÊLÉES OUVERTES OU "RUCK").
AAARGH! ON DIRAIT QU'IL Y A UN TRUC QUI BLOQUE !!
QUAND LE PORTEUR DU BALLON SE RETROUVE LIÉ À SES COÉQUIPIERS ET ADVERSAIRES, SE FORME UN "MAUL".
YII-AAAAUH!!
LA TOUCHE : UN AUTRE CLASSIQUE DU RUGBY, LES AVANTS S'Y AFFRONTENT.
POUSSEZ
NOTE : IL Y A TOUCHE SI LE PORTEUR DE LA BALLE FRANCHIT OU MARCHE SUR LA LIGNE BORDANT LE TERRAIN.
!
LE RUGBY EST UN JEU DE PROGRESSION, CHACUN DOIT DÉFENDRE SON CAMP...
... MIEUX VAUT RESTER DERRIÈRE LE BALLON POUR ÉVITER LE HORS-JEU !
COMMENT ÇA : "UN BOULET" ?!

Pour ta défense
LA MEILLEURE DÉFENSE EST DE BLOQUER L'ATTAQUE ADVERSE LE PLUS TÔT POSSIBLE.
AAARGH, C'EST DÈS LA MATERNITÉ QU'ON AURAIT DÛ LE...
OUCH!
POUR CELA, TROIS "RIDEAUX" DÉFENSIFS SE DOIVENT D'ÊTRE DES PLUS IMPERMÉABLES DE L'UNIVERS.
VOICI LA CARTE OÙ EST MENTIONNÉ L'EMPLACEMENT DES MINES!
TOP SECRET
PREMIER RIDEAU : SUR LA LARGEUR DU TERRAIN POUR UN PRESSING COLLECTIF.
TAGADAP TAGADAP!
BENG!
DEUXIÈME RIDEAU : AFIN DE PARER À D'ÉVENTUELLES PERCÉES DANS L'AXE DU TERRAIN...
OLÉ! OUAiiiS!!
... OU DE PRÉVENIR D'UN JEU DE PIED COURT DE L'ADVERSAIRE.
FLAP!
FLAP!
HÉ, HÉ!
GRRRR!!
DERNIER REMPART : LE TROISIÈME RIDEAU CONTRERA UN JEU DE PIED LONG.
TiUUUUU!!!

STRATÉGIQUEMENT PARLANT, LA "DÉFENSE GLISSÉE" EST UN GRAND CLASSIQUE.
TOC TOC !
Si, Si, J'SUIS D'TON ÉQUIPE !!
ZUIIITT !!
TROIS JOUEURS MONTENT LE PLUS VITE POSSIBLE SUR LES ATTAQUANTS...
... ET "GLISSENT" EN SUIVANT LE BALLON VERS L'AILE (PLAQUAGE À LA CLÉ !)
DANS MES BRAS !!
ROONN RRRRR !
LA DÉFENSE INVERSÉE CONTRECARRERA LES PLANS DES AILIERS MOTIVÉS.
AGÂ ! COMME ÇA ?
EXCUSEZ-LE FAIRE RIRE EST UN MÉTIER !!
L'INTERCEPTION, QUANT À ELLE, NE S'ORGANISE PAS VRAIMENT, ELLE S'IMPROVISE !
INTERCEPTOR
PIN !
PON !
PIN
?!
CHOP !
VOUS AVEZ RÉCUPÉRÉ "L'OVALE-BALLE" ?... GARE À LA RELANCE !!

A l'attaque !

UN PAS EN ARRIÈRE, DEUX PAS EN AVANT, C'EST AINSI QUE CELA SE PASSE !
TU ME FAIS TOURNER LA TÊTE !
HA, HA !... TANT QUE C'EST PAS LES TALONS !!
POUR SE FAIRE, PLUSIEURS TECHNIQUES ONT DÉJÀ FAIT LEURS PREUVES.
ATTENTION, DERRIÈRE TOI !!
GROUMF, OUSSA ?!
L'ATTAQUE EN PROFONDEUR OÙ CHAQUE JOUEUR VA SE POSITIONNER EN ARRIÈRE DE CELUI QUI LE PRÉCÈDE.
LA VÉRITÉ, NOUS NE FAISONS QU'UN !
SI LA DÉFENSE ADVERSE EST REGROUPÉE, IL VA FALLOIR DÉPLOYER LE JEU POUR LA CONTOURNER.
ALORS, KESKE J'DISAIS ?!
SI, AU CONTRAIRE, LA DÉFENSE ENNEMIE EST PLUTÔT ÉTENDUE, POURQUOI NE PAS TENTER LE PASSAGE EN FORCE ?
STRIKE !
BOXON
PERCUSSION DANS L'AXE, PERFORATION DU RIDEAU DÉFENSIF ...
MERD... MON LACET !
PAF !

... ET MÊME SI LA TENTATIVE ÉCHOUE, IL RESTE TOUJOURS LA POSSIBILITÉ DE DÉBORDER...
Aaah... moi de jouer.
... DÉBORDER L'ÉQUIPE ADVERSE QUI A ÉTÉ FORCÉE DE SE REGROUPER.
Joker!
LE JEU AU PIED OBLIGE L'ADVERSAIRE À RECULER...
BOTT
OUPS, PARDON!
... GESTE À LA BASE DÉFENSIF QUI LANCE LA RIPOSTE !!
iléou ?!
LÀ !! COINCÉ EN HAUT DE LA PAGE!
OUPS, DÉSOLÉ!
JOUER DES COUDES, OU PLUTÔT DE LA MAIN (RAFFUT) PERMETTRA DE METTRE À L'ÉCART BIEN DES ADVERSAIRES.
22
POLICE
PLACE!
UN BRUSQUE CHANGEMENT D'APPUI (CROCHET OU AUTRE "CADRAGE-DÉBORDEMENT") PEUT SCOTCHER LA MENACE DANS LE RÉTROVISEUR!
HOP!
T'FATIGUES PAS, T'ES SORTI DU TERRAIN!!
HOP!
HOP!
HOP!
HOP!

Les supporters
HOULÀ, HOULÀ, COMME LE TEMPS PASSE ! IMPOSSIBLE DE SE QUITTER SANS PARLER DES SUPPORTERS.
OUAIP, BEN MOI J'VAIS PAS "SUPPORTER" ÇA LONGTEMPS !!
FORCE EST DE CONSTATER QU'UN MONDE SÉPARE LES SUPPORTERS DE RUGBY DE CEUX DE FOOT.
ICI LA MENTALITÉ EST À LA HAUTEUR DES VALEURS VÉHICULÉES EN OVALIE.
HÉ OUAIS, PETIT !!
PFFFF !!
AINSI, UNE BELLE ACTION ADVERSE SERA APPLAUDIE !
VAS-Y TOUT L'MONDE !!
DANS LES TRIBUNES, LES SUPPORTERS NE SONT PAS PARQUÉS, ILS SONT MÉLANGÉS POUR LE MEILLEUR...
UNE MOUSSE !
POUR MON AMI ET MOI.
PAREIL MÊME !!
... À SAVOIR QU'ON NE SE BAT PAS DANS LES TRIBUNES...
DÉSOLÉE, MAIS IL NE M'EN RESTE PLUS QU'UNE !
EUH... ON S'CONNAÎT ?!

... QUE L'ON RESPECTE LES HYMNES NATIONAUX ET MINUTES DE SILENCE...
(*)
(*) : LA PREUVE !
... QUE LES BANDAS SE RÉPONDENT PLUTÔT QUE S'AFFRONTENT...
... QUE MÊME S'IL Y A DÉFAITE, L'AMBIANCE RESTE À LA FÊTE...
T'ES SÛR QU'ILS ONT PERDU ?
BIZARRE, CE SONT CERTAINEMENT DES ESPIONS !
... QUE S'IL Y A DÉBORDEMENT, CELA NE CONCERNE QUE LA BIÈRE !
ET SANS FAUX-COL, SIOUPLÉ !!
COMME SUR LE TERRAIN, DANS LES GRADINS ON EST GÉNÉREUX, FRANC DU COLLIER.
TROP STYLÉ TON COLLIER DE DENTS D'REQUIN !
NAN, FE FONT LES MIENNES !... (JE JOUE EN CLUB AUFFI !)
LE RUGBY EST UN SPORT D'HOMME DANS LE SENS NOBLE DU TERME.
TA-LÂAAM !!!
HUM, HUM, SORRY... FAUT L'VOIR DANS L'CONTEXTE !

En conclusion
MÊME SI À LA BASE, LE RUGBY EST ISSU DE LA HAUTE SOCIÉTÉ ANGLAISE...
YES... A CUP OF "TEE" !!
HI, HI, HI !
SUB-TIL !
...IL S'EST DÉMOCRATISÉ AU FIL DU TEMPS, EST DEVENU LE BIEN DE TOUS !
OUAIS ! À TA SANTÉ !
PLUTÔT À LA TIENNE !... LA MIENNE EST EXCELLENTE !!
BOC !
AMBIANCE FOLKLORE VERSION TERROIR, CE SPORT EST ET VIT PROCHE DU PEUPLE...
WHAOUH... VOUS ÊTES RUGBYMAN ?!
PRESQUE : "DÉMÉNAGEUR" !!
BODOM ! BODOM !
...EN OPPOSITION AU FOOT (DONT SEULES LES GRANDES VILLES PEUVENT S'OFFRIR DES CLUBS D'ENVERGURE INTERNATIONALE).
WHAOUH... VOUS ÊTES FOOTBALLEUR ?!
NON, SEULEMENT MILLIONNAIRE !
HUM ?
EN OVALIE, QUAND ON SE RÉUNIT, C'EST AUSSI POUR FAIRE LA NOUBA.
Grumbl ?!
22
ICI, BON ESPRIT EST TRADITION : "AÏLE TOUM, CHIQUITOUM, AÏLE TOUM LAÏLE !"

CERTES, LE RUGBY S'EST PROFESSIONNALISÉ...
ET À PART COURIR APRÈS UN BALLON TORDU, VOUS AVEZ DES DIPLÔMES ?
pôle emploi
... MAIS CE N'EST CERTAINEMENT PAS DANS LE MAUVAIS SENS DU TERME.
EUH... J'AI UN DOCTORAT EN ÉCONOMIE !
PARFAIT, VOUS ALLEZ DEVOIR CONTINUER À EN FAIRE...
DES ÉCONOMIES !!
pôle emploi
S'IL Y A AUGMENTATION DES MOYENS, CE SERA DANS LE BUT DE PROPOSER MEILLEUR SPECTACLE.
ET UNE TRIBUNE V.I.P. SUR LA LIGNE MÉDIANE, CE SERAIT TOP ?!
"TOP 14", MÊME !!
NON !!
FFF !
GAGEONS QUE LE PLUS SÛR GARANT DU RUGBY EST LE RUGBY LUI-MÊME...
PAS DU TOUT, J'AI DIT : "BANDE D'EMPLUMÉS"... EN RAPPORT AVEC LE COQ, VOT' MASCOTTE... SI, SI, JE JURE !!
CRACHÉ JURÉ !
PFUIT !
OUPS, PARDON !
SUR COEUR VAILLANT, L'ARGENT N'A PAS DE PRISE...
TIENS !... ET TU TRUQUES LE MATCH !
... LES VALEURS EN OVALIE RESTENT INCHANGÉES : VOICI LA CLÉ DE SON SUCCÈS !
500, 1000, 1500...

Rugby, mon amour !
UNE RENCONTRE DE RUGBY EST UNE VÉRITABLE COMÉDIE HUMAINE PLEINE DE SENSIBILITÉ...
PAF! BENG!
AÏE!
... D'ESPOIRS, DE DÉCEPTIONS, DE RIRES ET DE LARMES : DE L'INATTENDU À L'IMAGE DES REBONDS DE SON BALLON.
LA HONTE ! POUR UNE FOIS QUE J'PASSE DANS UNE BD !!
DOÏNG!
EN TOILE DE FOND : LA NOSTALGIE DU HÉROS, DU CHEVALIER BLANC
AUTREMENT DIT, RETOUR "CASE" DÉPART !!
CE SPORT SAIT ENCORE FAIRE RIMER HONNEUR AVEC BONHEUR !
TRiiiiiT TRiiiiiii!!!!
AYÉ, C'EST LA FIN !!
LE RUGBY NE SERA JAMAIS L'ADDITION D'INDIVIDUALITÉS, MAIS PLUTÔT LE RÉSULTAT DE SA SOLIDARITÉ... UNE BIEN BELLE LEÇON PAR LES TEMPS QUI COURENT !
COOL !... ON S'EST BIEN ÉCLATÉS !!
Super !
MORTEL ! VIV'MENT QU'ON REMETTE ÇA !!

Soleil
15, Boulevard de Strasbourg
83000 Toulon - France

Soleil Paris
25, Rue Titon - 75011 Paris - France

Conception graphique : Studio Soleil & Monsieur B.

Dépôt légal : Août 2011 - ISBN : 978-2-302-01793-1
Première édition

Impression : PPO Graphic - Palaiseau - France